5

Michel Bernard

PÉKIN

Collection GEO Ville

PÉKIN

STÉPHANIE OLLIVIER YANN LAYMA

EDL
EDITIONS DE LODI

SOMMAIRE

« Pékin : la cité pourpre impériale »

« On ne peut disconvenir que Pei-king ne soit un chef-d'œuvre de réalisation mystérieuse. Et d'abord, le plan triple de ses villes n'obéit pas aux lois des foules cadastrées, ni aux besoins locataires des gens qui mangent et qui peuplent. La capitale du plus grand Empire sous le ciel a donc été voulue pour elle-même ; dessinée comme un échiquier tout au nord de la plaine jaune ; entourée d'enceintes géométriques ; tramée d'avenues, quadrillée de ruelles à angles droits, et puis levée d'un seul jet monumental… – habitée, ensuite. »

René Leys, Victor Segalen, 1922.

Insolite, secrète et superlative… plus qu'une capitale, Pékin fut longtemps avant tout un concept. Une utopie urbaine éternellement remodelée par ses maîtres successifs pour mieux renvoyer l'image de leur suprématie. Peu de villes ont par ailleurs cumulé, huit siècles durant, autant de particularismes que celle-ci : son tracé en damier corseté de remparts concentriques et truffé de symboles cosmiques. Son rôle politico-mystique de résidence terrestre du Fils du Ciel hermétiquement fermée au monde étranger. Son tapis de maisons basses ombragées, qui lui donnait l'aspect d'un tentaculaire village il y encore vingt ans. Et jusqu'à la couleur de son ciel s'illuminant l'hiver d'un indigo si pur qu'il irradie les façades vermillon de ses temples et les toitures vernissées d'ocre de ses palais en une majestueuse symphonie de couleurs primaires. Cette cité extraordinaire, c'est l'empereur mongol Qubilaï Khan qui fut le premier à l'inventer au milieu du XIIIe siècle. Il fallait pourtant un certain aplomb pour choisir comme capitale ce qui n'était alors qu'une petite ville de garnison postée aux confins d'une plaine mordue l'hiver par un vent glacial et ensevelie sous des tempêtes de sable soufflées par le désert du Gobi au printemps. Mais l'agglomération est hautement stratégique : c'est ici que s'achève le long périple des caravanes marchandes arrivées d'Occident par la route de la Soie. Surtout, elle se trouve à la jonction entre des fertiles plaines du Sud, où vivent les populations sédentaires de souche chinoise (les Han), et les steppes du Nord, domaine des pasteurs nomades. Plus précisément à l'entrée de deux passes perçant la barrière rocheuse ourlée par la Grande Muraille, qui fait office de bouclier naturel entre les deux mondes, mortellement ennemis alors. Depuis l'Antiquité, la petite ville fut donc naturellement l'enjeu de luttes sanglantes entre les armées chinoises et celles des « barbares » des steppes. Régulièrement conquise, rasée, reconstruite et rebaptisée en fonction des royaumes ou des chefs de guerre qui en prenaient le contrôle, notamment la dynastie chinoise des Jin, celle des Liao ou les armées mongoles du redouté Gengis Khan. C'est en tous cas ici que Qubilaï Khan, son petit-fils, fondateur de la dynastie des Yuan proclamée après qu'il ait soumis la Chine et conquis tous les pays voisins, veut siéger.

Mais la capitale du plus grand empire jamais connu – il s'étalait de l'Asie du Sud-Est jusqu'à l'Europe de l'Est – ne pouvait être banale. Elle sera même soigneusement planifiée, contrairement aux cités européennes, qui souvent poussèrent de manière organique. Il fallait déjà dompter les éléments naturels hostiles : Qubilaï Khan fera drainer les marécages du Nord-Ouest puis aménager un réseau hydraulique sophistiqué de lacs et canaux permettant d'alimenter la ville en eau fraîche et de la relier au Grand Canal impérial, qui descend jusqu'aux plaines céréalières du Sud. L'empereur choisira ensuite un schéma urbain hérité de la pensée chinoise, et de sa société clanique ultra-hiérarchisée et férue de géomancie[1]. La ville sera donc triplement fermée : un rempart carré de dix kilomètres enserre une enceinte fortifiée qui protège le palais impérial et son arsenal. Et elle sera ordonnée : les rues y forment un échiquier sur lequel des lieux de culte et de résidence sont disposés symétriquement – en fonction de leur importance – autour d'un axe nord-sud, qui symbolise traditionnellement la ligne reliant les hommes à la nature… et les sujets à leur empereur. Qubilaï Khan donnera à sa création urbaine le nom de Dadu, la « Grande Capitale ». Grande, elle l'est déjà par sa population de près de 500 000 habitants, la plus importante du monde de l'époque. Située à la croisée des routes marchandes de l'Est et de l'Ouest, c'est aussi une ville prospère et cosmopolite qui fera l'enchantement du voyageur vénitien Marco Polo, le premier occidental qui en rapportera des images écrites[2] : « Les rues sont si droites qu'on les voit d'un bout à l'autre et qu'une des portes se voit de l'autre, aux deux bouts de la ville. Et il y a par la cité moult beaux et grands palais, et beaucoup de belles hôtelleries, et des maisons en grande abondance. Au milieu de la cité est un grandissime palais, avec une grande cloche qui sonne, la nuit, afin que nul n'aille par la ville après qu'elle a sonné trois fois. »

Le rêve du grand Khan vacille pourtant en 1368 lorsque ses descendants se font renverser par la dynastie chinoise des Ming. Dadu est entièrement rasée et le pouvoir transféré à Nankin (Nanjing), dans le Sud, moteur agricole de l'Empire. Mais Yongle, qui accède au trône impérial trente ans plus tard, la fait vite renaître de ses cendres. Le nouvel empereur veut siéger au Nord, car la menace des guerriers des steppes est encore vive. Or, le site de

[1] Appelé « fengshui » en chinois, c'est l'art millénaire de savoir utiliser les bons emplacements et les matériaux de construction adéquats dans une ville ou un bâtiment donné, afin qu'ils dégagent une énergie positive pour leurs occupants.

[2] *Le Livre des merveilles du monde*, Marco Polo, 1928.

l'ancienne Dadu reste le plus stratégique. Comme les Mongols jadis, il décide d'y bâtir une capitale reflétant la toute puissance de son Empire. Elle sera donc somptueuse. Mais Yongle va plus loin. Sa capitale devra avant tout être le siège terrestre de celui qui a reçu un mandat céleste : présider à la destinée de l'Empire du Milieu et y garantir l'harmonie sociale. Elle devra donc être parfaite. Avant même de sortir de terre, la capitale des Ming est une abstraction. Mais son grand ordonnateur ne lésinera pas pour parvenir à lui donner corps, au terme de quinze années de grands travaux qui mobiliseront plusieurs centaines de milliers d'ouvriers et d'artisans. Pour sa cité, rebaptisée Beijing (capitale du Nord) et francisé en Pékin, Yongle s'inspire largement du schéma géométrique des Mongols mais il l'agrandit et l'améliore méthodiquement. Et surtout symboliquement, à grand renfort de couleurs ou de chiffres auspicieux. Le jaune, couleur impériale, sera par exemple réservé aux toitures des bâtiments dans lesquels le souverain est susceptible de se rendre, tandis que le chiffre « 9 » et ses multiples – symbole de la puissance absolue dans la cosmogonie chinoise –, sont omniprésents à travers la ville et ses sanctuaires (les remparts sont percés de 9 portes, les ruelles font 9 mètres de large, les rues 18 et les avenues 36...). L'empereur perfectionne aussi le plan hiérarchisé composé d'enceintes concentriques traversées par un axe central nord-sud et convergeant vers le centre du pouvoir. Ainsi, un rempart extérieur carré délimite la Cité intérieure (le quartier résidentiel), qui enferme la Cité impériale (siège des administrations, des palais princiers et des jardins impériaux), elle-même abritant la Cité interdite (domaine exclusif de la famille impériale et de ses serviteurs), au milieu de laquelle se trouve la salle du trône. « Centre, cœur et mystère de la Chine » comme la décrira l'écrivain Pierre Loti[3], la Cité interdite est l'emblème du

plan cosmique de Yongle, la symbiose architecturale des préceptes brandis pour mieux légitimer le pouvoir impérial. C'est aussi un chef-d'œuvre esthétique d'équilibre et d'harmonie, un enchaînement sans fin et quasi-hypnotisant, de palais, cours, portes et murs pourpres qui, aujourd'hui encore, dégagent une sereine majesté, quelque chose qui dépasse l'entendement l'humain.

Il est vrai que tout dans le Pékin impérial a été prévu – et réglementé – pour entretenir un divin mystère dans les esprits : aucun édifice ne doit dépasser ceux du palais impérial, et les remparts sont interdits d'accès aux citadins ordinaires afin d'éviter qu'ils aperçoivent l'intérieur du palais. Les Pékinois doivent de même évacuer les rues les rares fois où l'empereur quitte son domaine pour célébrer en leurs sanctuaires les cultes de la Terre, du Soleil, de la Lune et surtout du Ciel. Clé de voûte des rites impériaux, ce dernier a lieu au temple du Ciel, un triomphal ensemble de structures rondes chaussées de marbre blanc, chapeautées de tuiles bleues et reliées par une voie sacrée, qui est l'autre réalisation architecturale majeure du Pékin de Yongle. Ce dernier perdurera pendant cinq siècles, avec un amendement notable : pour contenir l'afflux de main-d'œuvre recrutée pour la construction des milliers de palais, temples, monastères et simples résidences qui composent la capitale des Ming, une nouvelle enceinte rectangulaire est construite en 1553, au sud de la première. L'ensemble donnera cette morphologie bipartite en chapeau haut de forme si particulière à Pékin, avec une ville dite « intérieure » tracée au cordeau et essentiellement réservée aux princes, mandarins et aux lettrés.

---

[3] *Les derniers jours de Pékin*, Pierre Loti (1ère parution 1902), Kailash éditions, 2000.

Et une ville « extérieure » improvisée et plus tortueuse, dans laquelle vivent les marchands et le petit peuple. C'est dans les quartiers populaires et colorés de cette dernière, grouillant d'auberges et d'échoppes, centre nerveux de la vie culturelle et des plaisirs nocturnes aussi, que réside l'âme de ces « gens de Pékin » si chaleureux, gouailleurs et superstitieux que décriront plus tard les romans de Lao She. Un petit peuple qui donne toute son épaisseur aux *hutong*, comme on appelle les étroites et sinueuses ruelles striant l'intérieur des cases du damier pékinois, toutes bordées de maisons grises aménagées autour d'une cour carrée plantée d'arbres, l'habitat typique de la Chine du Nord, où vivent traditionnellement trois à quatre générations.

Le Pékin majestueux des palais comme celui plus pittoresque des *hutong* sont alors tous les deux méconnus de l'Occident car, depuis le XVIe siècle, l'empire chinois s'est fermé au monde. Il se suffit à lui-même et estime n'avoir rien à apprendre, ni à acheter, aux « barbares » étrangers. Seuls quelques missionnaires jésuites – dans le sillage de l'italien Matteo Ricci – seront tolérés à la cour impériale, contribuant à alimenter un maigre courant d'échanges des savoirs entre l'Est et l'Ouest… et à épaissir l'aura de mystère et d'exotisme qui nimbe l'Empire du Milieu. La tendance s'accentuera même sous la dynastie mandchoue des Qing, qui renversent les Ming en 1644, mais reprennent à leur compte les rites et habitudes administratives de leurs prédécesseurs. Ainsi que leur rêve pékinois d'incarnation du pouvoir : ils n'y toucheront que pour le faire mieux reluire en rénovant ses monuments. Ils profitent toutefois de sa structure en deux parties pour exiler la population de souche Han dans la ville extérieure, vite rebaptisée « ville chinoise », réservant la ville « tartare » aux Mandchous. Une

ségrégation brutale qui inspirera plus tard à l'écrivain Victor Segalen[4] l'image restée célèbre du « rectangle difforme de la 'ville chinoise', couchée comme une vache de trait au pied de la cité conquérante ». Les Qing tireront aussi les limites de la ville vers le nord-ouest, avec l'aménagement au XVIIIe siècle du somptueux palais d'Été de Yuanmingyuan : une infinitude d'édifices à l'occidentale et de pavillons chinois disposés autour d'un chapelet de lacs et d'une myriade de parterres fleuris. Un mythique « jardin des jardins » à la splendeur éphémère. Car la seconde moitié du XIXe siècle a sonné la fin de la splendeur et de l'isolement de l'Empire. Piaffant d'impatience aux portes du vaste marché chinois resté obstinément fermé pendant des siècles, au terme des deux guerres de l'Opium et après avoir mis à sac le palais d'Été, les Européens ont réussi à imposer la reprise du commerce et une enclave de légations au cœur de Pékin. En 1900, le corps expéditionnaire international chargé d'écraser la rébellion des Boxeurs pénètre dans la Cité interdite, brisant net le mythe qui l'entourait. Affaibli et corrompu, le régime Qing ne tiendra plus longtemps : en 1911, il est remplacé par une république. Sans pourtant que la physionomie de Pékin s'en trouve bouleversée. Au contraire, les luttes de pouvoir qui vont faire rage pendant trois décennies entre les seigneurs de la guerre, les troupes nationalistes et les rebelles communistes détournent l'attention de la ville déchue. Rétrogradé en 1928 au rang de capitale provinciale par les nationalistes, Pékin est laissé à un semi-abandon qui y arrête la pendule du temps et, paradoxalement, protège la ville historique de brique et de bois. Même l'occupation japonaise entre 1937 et 1945 perturbe peu le rythme de vie nonchalant et bien réglé des Pékinois qui vivent encore dans leur impérial passé.

[4] *René Leys*, Victor Ségalen, Gallimard, 2000.

La première véritable secousse urbaine en cinq siècles intervient avec l'arrivée au pouvoir des troupes communistes de Mao Zedong. Espérant ainsi mieux attraper le mandat du Ciel, c'est une nouvelle fois Pékin que Mao choisit comme capitale de sa République populaire de Chine, proclamée en 1949. Très vite, l'empereur rouge décide de faire table rase des symboles du passé féodal pour mieux remodeler la ville à l'image de son propre régime : un centre industriel ouvert sur le XXe siècle. Au rêve impérial se substitue une utopie socialiste. Haussant les épaules devant les injonctions du grand architecte Liang Sicheng, qui préconise d'épargner la ville historique en construisant un nouveau centre administratif plus à l'ouest, Mao taille sans nuances dans la chair impériale pékinoise : au fil des années 50, il ordonne la destruction des remparts, fait couvrir les canaux, puis percer un axe est-ouest le long de l'avenue Chang'an, qui permettra aux triomphales parades de l'armée populaire de Libération de se substituer aux processions nord-sud jadis effectuées par le Fils du Ciel entre son palais et le temple du Ciel. Au nom de la morale révolutionnaire, les centaines de temples bouddhistes ou taoïstes que compte une capitale traditionnellement dévote sont à leur tour rasés ou transformés en école, entrepôt ou caserne. Comme pour celui des Ming, les moindres détails du Pékin communiste sont méthodiquement planifiés : des universités et grandes écoles fleurissent au nord-ouest de la ville, les industries lourdes sont implantées à l'est et au sud tandis que des blocs d'immeubles résidentiels pointent leur nez à la périphérie nord. À l'occasion du dixième anniversaire de son régime, Mao fait aussi aménager Tian'anmen. L'allée bordée de bâtiments de bois laqués de rouge qui marquait l'entrée du Palais impérial se métamorphose alors en une place de quarante hectares – la plus vaste du monde –, flanquée de grandiloquents édifices : le Grand hall du peuple et le musée d'Histoire de la Chine. La fonction du lieu varie peu pourtant, car c'est toujours là que se dérouleront les cérémonies du culte au chef suprême d'une nation alors dopée par le Grand Bond en avant. Dans une sorte de jeu de miroir, Tian'anmen est devenue le cœur du pouvoir de la Chine nouvelle, comme la Cité interdite était celui de l'Empire. Un jeu pervers de la part de Mao, estimera d'ailleurs le sinologue Simon Leys : « pour donner un socle plus prestigieux à son pouvoir, il a jeté son dévolu sur l'antique capitale ; en se l'annexant, il l'a détruite. »[5]

La vision communiste se brise elle aussi en chemin. Après la rupture politique et technique avec l'ex-grand frère soviétique qui se produit au début des années 60, le régime maoïste se retrouve sur la paille et les grands travaux de la capitale doivent être stoppés. Mais il faut bien composer avec les millions d'ouvriers arrivés des campagnes au fil de la décennie précédente pour industrialiser Pékin. Un grand nombre de maisons jadis réservées à un seul clan sont du coup investies par plusieurs dizaines de familles. Pékinois de souche et d'adoption s'entassent tant bien que mal en bricolant des cahutes de tôle au milieu des poulaillers, des bicyclettes et des piles de briquettes de charbon. La vie y est spartiate mais conviviale et – une fois la fièvre destructrice de la Révolution culturelle retombée – étonnamment paisible. À la fin des années 70, la capitale du pays le plus peuplé de la planète ne ressemble en effet en rien aux métropoles occidentales ou asiatiques. Le Pékin communiste est même presque aussi insolite que celui de l'Empire. Avec sept millions d'habitants, c'est toujours une ville horizontale

[5] *Ombres chinoises*, Simon Leys, UGE, 1974.

plantée d'arbres centenaires, émaillée de portes rouges et de petites maisons grises aux toits recourbés. On n'y distingue ni buildings, ni centres commerciaux, ni hôtels internationaux. Il y a peu de voitures ou de fumée, pas d'enseignes publicitaires, ni de vie nocturne. C'est un univers uniformisé dans lequel tout le monde circule en vélo et où le style vestimentaire est dominé par le bleu, le noir et le gris. C'est enfin un monde aussi fermé sur lui-même que le fut l'Empire des siècles durant : la modeste colonie de diplomates, journalistes, professeurs ou hommes d'affaires envoyés par les pays frères est parquée dans des résidences spéciales bâties à plusieurs kilomètres de la vieille ville, les contacts avec les Chinois sont strictement réglementés. En 1978, Pékin est donc toujours une « cité interdite ».

Cette année-là pourtant, Deng Xiaoping arrive au pouvoir et tout va basculer. Pour une fois, plus désireux de sortir la Chine du marasme qu'à lustrer la vitrine politique de son régime, le nouveau leader lance une batterie de réformes économiques et d'ouverture qui enclenchent une formidable spirale de croissance, dont profiteront d'abord, surtout le Sud et les zones côtières du pays. Mises entre parenthèses après la sanglante répression du mouvement démocratique étudiant de 1989 sur la place Tian'anmen, les réformes et la croissance repartent de plus belle trois ans plus tard. Pour la capitale, c'est l'électrochoc. Dans un surprenant retournement de situation, les Pékinois se décident soudain à rattraper les siècles perdus pour rivaliser avec un monde moderne qu'ils ont si longtemps voulu ignorer. L'utopie socialiste s'incline devant celle de la mondialisation et de la consommation. Même s'il faudra, pour y parvenir, que Pékin occulte son riche passé et gomme ses particularismes. Même si c'est au prix de tous

les excès urbains et architecturaux. Même si la modernisation à outrance, et dans la précipitation, signifie béton, pollution et congestion automobile. En effet, au fil des années 90, des forêts de gratte-ciel sans grâce sortent de terre, des dizaines d'avenues sont élargies, les rocades se multiplient dans une ville dont la superficie a été démultipliée et où les voitures sont désormais maîtresses.
Le rêve moderne prend forme au fur et à mesure que la Chine retrouve richesse, puissance et confiance. Plusieurs succès diplomatiques y contribueront : la rétrocession de Hong Kong en 1997, le cinquantenaire de la République populaire en 1999... et surtout la campagne gagnée en 2001 pour les jeux Olympiques en 2008. Pour Pékin, c'est un second déclic. Afin de relever le défi olympique, de formidables travaux urbains sont lancés. Comme l'ont fait avant eux les empereurs Ming ou Mao, les dirigeants communistes du XXIe siècle veulent à leur tour remodeler le visage de la capitale chinoise à leur image – celle du dynamisme et de l'argent tout puissant – sans écraser sa colonne vertébrale historique. Ils se sont donc une nouvelle fois inspirés de l'échiquier cerné de remparts de leurs prédécesseurs, l'adaptant simplement aux contingences modernes : aujourd'hui, Pékin est quadrillé de larges avenues et ceinturé par six périphériques concentriques. L'axe historique nord-sud a non seulement été conservé, mais prolongé sur plus de vingt kilomètres entre la porte de garde de Yongdingmen (reconstruite pour l'occasion) et le parc olympique, qui se veut un palais d'Été des temps modernes. À une époque où le pouvoir se mesure en tonnage de verre et d'acier, les nouveaux empereurs n'ont pas non plus oublié de commanditer de grandioses bâtiments auprès des stars de l'architecture mondiale : un opéra ovoïde de titane, un massif siège en arc brisé pour la télévision centrale, un stade olympique en « nid d'oiseau » ou

un dragon stylisé en guise d'aéroport. Des édifices aux lignes résolument avant-gardistes qui, en dépit des controverses suscitées par leur construction, constitueront certainement les repères esthétiques du Pékin de demain. Une métropole dont il est encore difficile d'entrevoir la physionomie définitive alors que la profonde opération de chirurgie urbaine lancée il y a une décennie est encore loin d'être achevée. Seule certitude : elle se fait en sacrifiant les quartiers historiques et populaires. Des hectares de *hutong* sont chaque jour éventrés, désossés pour laisser place à de grands ensembles bétonnés ou des quartiers résidentiels et commerciaux « à l'ancienne » réservés à une élite fortunée. Cette réhabilitation est parfois justifiée car les maisons traditionnelles des vieux quartiers, négligées pendant l'ère maoïste, sont souvent très délabrées. Mais elle se fait au détriment d'un patrimoine architectural et d'un mode de vie communautaire irremplaçables. Elle se fait aussi dans les larmes et la colère de centaines de milliers de familles modestes enracinées dans le vieux Pékin depuis des générations et qui sont boutées hors du quatrième périphérique, faute de moyens pour rester au centre-ville. Depuis quelques années, les réglementations se multiplient pour tenter de mieux protéger, voire de reconstruire, les quartiers historiques. La mémoire d'une cité exceptionnelle ne s'en dissout pas moins, inexorablement : chaque jour, l'harmonie et la majesté de la ville impériale sont un peu plus laminées par les bulldozers, écrasée par des tours sans âme, brouillées par des échangeurs et des néons criards. Mais pour Pékin, peu importe ces sacrifices. Aujourd'hui, la capitale-phénix assume sans ciller le choix qu'elle a fait de se réinventer une fois encore pour retrouver – concrètement cette fois – la place qui lui avait été jadis symboliquement assignée : trôner au centre de l'univers.

Considéré comme l'exemple le plus original de l'architecture religieuse Ming, le temple du Ciel, emblème du Pékin impérial, fut conçu au début du XVe siècle par l'empereur Yongle pour être une transposition spatiale et politique des croyances de l'époque : il se compose en effet d'une succession de terrasses et bâtiments ronds comme le ciel, et d'enceintes carrées représentant la terre, éléments suprêmes entre lesquels l'empereur faisait office de lien symbolique. Du sud au nord de ce sanctuaire de 270 ha, s'élèvent l'autel du Ciel, la Voûte céleste impériale et ce majestueux temple de la Prière pour de Bonnes Moissons à la toiture entièrement vernissée de bleu. L'ensemble a été ouvert au public en 1949 et inscrit au patrimoine de l'humanité par l'Unesco en 1998.

祈年殿

Le nom des monuments impériaux étaient généralement calligraphié dans un cartouche suspendu au-dessus de leur entrée, ici celui du temple de la Prière pour de Bonnes Moissons, où se déroulait le jour de l'équinoxe du printemps une importante cérémonie sacrificielle. (Détail ci-dessus.)

La tradition chinoise considère l'empereur comme ayant reçu un mandat de l'être suprême, le Ciel, pour garantir de l'ordre social. Mais pour conserver les faveurs du maître d'en haut et mieux légitimiser sa fonction terrestre, l'empereur devait, à certaines dates du calendrier lunaire, célébrer un culte aux divers éléments : terre, soleil, lune, etc. Celui effectué au Ciel au moment du solstice d'hiver était le plus solennel et le plus important de tous.

À cette occasion, l'empereur se rendait en cortège au temple du Ciel pour rendre compte à son « père » de sa gestion de l'année écoulée, avant d'effectuer une série de sacrifices extrêmement ritualisés, destinés à laver les péchés de son peuple et obtenir la bienveillance céleste pour l'année à venir.

祈年殿

Beijing

La place Tian'anmen – la plus grande du monde – est le cœur spatial et politique de la Chine moderne. Jadis, une simple allée bordée de temples et de plusieurs ministères qui reliait l'entrée de la Cité interdite à la porte Qianmen, elle fut transformée en une esplanade de 40 ha par le président Mao Zedong en 1959, à l'occasion du 10e anniversaire de la République populaire de Chine, puis bordée de grandiloquents monuments élevés à la gloire de son régime : à l'ouest, le Grand hall du peuple, à l'est, le musée d'Histoire de la Chine.

La place Tian'anmen est depuis devenue le théâtre privilégié des rassemblements de masse de la capitale.

华人民共和国万岁

C'est du balcon de la porte de la Paix céleste, là où trône désormais son portrait, que Mao Zedong proclama l'avènement de la République populaire de Chine le 1er octobre 1949. Bâtie en bois en 1417, reconstruite en dur en 1651 après avoir subi les assauts des Mandchous, cette massive tour surmontée d'un pavillon marquait l'entrée sud de la Cité impériale et borde le flanc nord de la place Tian'anmen. Ses lourdes portes ne s'ouvraient autrefois que pour laisser passer les processions menées par l'empereur. Mais les mandarins se réunissaient régulièrement devant la tour pour recevoir les édits impériaux, descendus du balcon dans une boîte fixée à une corde, afin de les diffuser à travers l'Empire.

Aujourd'hui, les touristes leur ont succédé au pied de la tour, où passe également l'interminable avenue Chang'an (38 km d'est en ouest).

Conçue par l'empereur Yongle (dynastie des Ming) au début du XVe siècle, la Cité interdite est le plus grand ensemble palatial de la planète : ses massives et pourpres murailles abritent 800 palais, temples, pavillons, salles de cérémonie, bibliothèques et appartements privés, soit 8 704 pièces au total. C'est de ce sanctuaire que, durant 5 siècles, 24 empereurs régnèrent sur la destinée de l'Empire du Milieu. En son cœur, le palais de l'Harmonie suprême, le plus haut et le plus somptueux de tous, était considéré comme le centre physique de l'univers. Réservé aux plus solennelles cérémonies, il abrite le trône impérial et est entouré d'une immense cour pavée qui pouvait accueillir jusqu'à 90 000 mandarins.

« La salle du Trône, avec ses toits étincelants, est là bien au centre, comme inabordable ; une seule avenue reste ouverte aux rares privilégiés, admis devant la face du Fils du Ciel, et cette avenue, barrée par des portes, des ponts et des fosses, semble tracée elle-même pour inspirer la terreur et le respect. »

Grandeur et suprématie de Peking, Alphonse Hubrecht, 1928.

Aujourd'hui comme hier, La porte du Midi est l'entrée principale de la Cité interdite. Coiffée d'un immense pavillon à double toiture vernissée de jaune et flanquée de deux ailes latérales, elle était percée de cinq passages. Celui du milieu était réservé au seul usage de l'empereur et était prolongé à travers les diverses cours du palais par une voie sacrée au-dessus de laquelle était porté le palanquin du Fils du Ciel. La famille impériale et les hauts dignitaires devaient, eux, emprunter les passages latéraux. C'est depuis le pavillon de la porte du Midi que l'empereur promulguait le nouveau calendrier lunaire, présidait les parades militaires de victoire, accueillait les sessions ordinaires de la cour et donnait des banquets.

« Dans l'histoire de l'architecture, la plupart des monuments qui visent à exprimer la majesté impériale,

s'écartent de l'échelle humaine, et ne peuvent atteindre leur objectif sans du coup transformer leurs occupants en fourmis. Ici au contraire la grandeur ne se départ jamais d'une mesure aisée et naturelle ; elle s'impose non par une disproportion entre le monument et les spectateurs, mais par la création d'un espace infailliblement harmonieux. La noble justesse de ces cours et de ces toits que renouvelle à l'infini l'éclairage changeant des jours et des saisons, donne au promeneur ce sentiment physique de bonheur, que seule la musique réussit parfois à communiquer. »

Ombres chinoises, Simon Leys, UGE 1974.

Les gros clous dorés ornant les portes d'entrées des monuments de Pékin avaient pour fonction de maintenir les battants en place, mais plus encore, d'indiquer le rang hiérarchique du bâtiment sur lequel ces portes donnaient. Celles de la Cité interdite en comportaient le nombre maximal : neuf rangées de neuf clous. Le portail des enclos sacrés et des principaux temples avait droit au même nombre, mais celui des résidences princières de la ville ne pouvait comporter que sept rangées de neuf clous. Toute transgression était sévèrement punie.

La Cité interdite était divisée en deux parties distinctes. Dans la moitié sud, appelée Cour extérieure, les palais de l'Harmonie suprême, de l'Harmonie du milieu et de l'Harmonie préservée, juchés sur une triple terrasse de marbre blanc, étaient dédiés à la vie officielle et aux grandes cérémonies ponctuant l'année lunaire.

En poursuivant vers le nord, on accédait aux palais plus modestes de la Cour intérieure, cour réservée aux affaires publiques courantes et aux quartiers résidentiels. Partout, la manière dont les bâtiments étaient liés, se dominaient ou se protégeaient les uns aux autres, se voulait une expression architecturale de celle dont était structurée la société féodale chinoise.

La physionomie de la Cité interdite n'a quasiment pas bougé depuis sa construction au XVe siècle. Bâtie en grande partie de bois, elle brûla ou s'écroula par morceaux. Il ne reste ainsi pratiquement plus rien des bâtiments érigés par les Ming. Mais chaque fois qu'un édifice était endommagé, il était refait à l'identique. Même les empereurs mandchous de la dynastie Qing ne changèrent rien au plan d'ensemble lorsqu'ils s'emparèrent du pouvoir en 1644, rompant avec la tradition selon laquelle une nouvelle dynastie ne devait pas siéger dans la même résidence que la précédente. Les Qing se contentèrent de changer le nom des divers palais, de les faire rénover ou de faire abraser les dalles sculptées des escaliers pour y faire graver leurs propres emblèmes.

Il ne fallut pas moins de dix ans et plusieurs centaines de milliers d'hommes pour rassembler les matériaux destinés à la construction du Palais impérial : des poutres acheminées via les rivières depuis le Yunnan, aux blocs de pierre du Hebei tirés l'hiver sur des routes gelées, en passant par les dalles de marbre venues du Jiangsu ou les briques fabriquées dans le Shandong. Les travaux enfin lancés, les meilleurs artisans de chaque province furent à leur tour recrutés pour orner le palais d'éclatantes peintures murales ou d'altières sculptures, ainsi que de fresques décorées de grues et de paysages miniatures, comme ceux-ci, situés à l'entrée du jardin privé de l'empereur. La plupart de ces maîtres artisans restèrent ensuite à Pékin, en faisant le centre incontesté de l'art et du luxe chinois.

Les statues de lions étaient considérées par les Chinois comme les gardiens symboliques de la majesté impériale. Cette lionne de bronze doré, en train de jouer avec son lionceau couché sur le dos (reflet de l'amour maternel), monte ainsi farouchement la garde devant la porte de la Pureté céleste, qui marque l'entrée de la Cour intérieure de la Cité interdite, au sein de laquelle trônent le palais de la Pureté céleste, résidence de l'empereur, et le palais de la Tranquillité terrestre, où vivait l'impératrice. Les deux étaient physiquement – et symboliquement – reliés par le tout petit palais de l'Union, situé à équidistance entre les deux bâtiments.

La figure du lion dans le bestiaire chinois arriva d'Inde en même temps que le bouddhisme. Au-delà de leur fonction décorative, les lions, toujours représentés par paires, gardaient les principaux passages menant d'un espace profane à un espace considéré comme sacré ou noble. Le perron des résidences de mandarins de haut rang comportait ainsi tous des lions de pierre blanche. Les plus beaux spécimens léonins de la capitale restent toutefois les six couples en bronze doré de la Cité interdite. Assis sur une plate-forme de pierre, ils sont représentés la gueule ouverte, prête à rugir pour protéger leurs maîtres, tandis que leurs pattes sont serties d'épaisses griffes symbolisant leur indomptable personnalité.

Les lieux du pouvoir chinois regorgent de statues d'animaux, réels ou imaginaires, dont les qualités reflètent celles prêtées à l'empereur. Parmi les principaux protagonistes du bestiaire divin de la Cité interdite, on trouve le tigre, qui symbolise la force de l'esprit, et est ici stylisé sur l'une des gigantesques vasques emplies d'eau destinées à lutter contre les incendies. Ainsi que ce « qilin » (à droite), un animal fantastique au corps de daim surmonté de cornes, qui était considéré comme le gardien du bien et du mal et n'apparaissait aux yeux des humains que dans les périodes où régnait l'harmonie.

Sur la terrasse du palais de la Pureté céleste, dans lequel l'empereur résidait et présidait aux affaires courantes de l'Empire, divers animaux de bronze veillaient sur la dynastie : des grues, symbole de longévité, ainsi que des tortues, qui représentaient la stabilité et la sagesse. L'empereur Yongzheng (dynastie des Qing) fit un jour montre de cette dernière. Pour mettre fin aux luttes familiales de pouvoirs qui empoisonnaient la plupart des successions impériales, il instaura un nouveau système de désignation : l'empereur en exercice inscrivait le nom du fils choisi comme dauphin sur un testament en deux exemplaires, dont l'un se trouvait toujours sur lui et l'autre dans une boîte scellée et cachée jusqu'à sa mort derrière le trône du palais de la Pureté céleste.

L'étroite rivière aux Eaux d'or – en réalité un canal – serpente à travers la Cité interdite, ici, dans la cour de la porte de l'Harmonie suprême. Elle permettait d'approvisionner le Palais impérial en eau, en plus de celle provenant des douves extérieures et des 88 puits creusés dans l'enceinte même. L'eau restait toutefois une denrée rare au sein d'un ensemble architectural essentiellement composé de bois et dont l'ennemi suprême était le feu. De gigantesques vasques de métal emplies d'eau étaient du coup disposées devant les principaux palais et le long des couloirs latéraux. L'hiver, pour empêcher que l'eau n'y gèle, elles étaient recouvertes d'étoffes matelassées et chauffées par un système de brasero installé dessous.

Tradition remontant aux Ming, les figurines campées sur les arêtes des toits des bâtiments prestigieux avaient pour vocation d'éloigner les mauvais esprits… tout en empêchant les tuiles de glisser. Elles représentaient des animaux fantastiques ou des personnages mythiques et étaient disposées en un nombre impair (chiffre yang) allant de 1 à 9, et qui indiquait l'importance hiérarchique de l'édifice.

Pages précédentes : détail d'une peinture de linteau récemment restaurée, dans le cadre d'ambitieux travaux de rénovation lancés dans la Cité interdite en 2002, pour une dizaine d'années.

Répartis en palais de l'Ouest et palais de l'Est, et séparés par un jardin central, les palais latéraux ont été récemment restaurés et transformés en salles d'exposition des trésors de la Cité interdite. Ils abritaient jadis les appartements privés de l'empereur, de ses nombreuses femmes, concubines et enfants, ainsi que de leurs serviteurs, soit plusieurs milliers de personnes au total. Parmi ces derniers, les eunuques y étaient traditionnellement les seuls mâles tolérés. Le plus souvent issus de familles paysannes très pauvres et castrés dès l'enfance, la condition d'eunuque était pour les plus doués un moyen de sortir de la pauvreté. Mais la plupart d'entre eux étaient traités en esclaves, réduits à des tâches ménagères et martyrisés par leurs maîtres.

Un premier et modeste musée fut aménagé dans les édifices des cours extérieures de la Cité interdite dès 1914, peu après la chute de la dynastie Qing. Mais il fallut attendre 1924, quand le dernier empereur Puyi se fit chasser des appartements privés où il était resté après son abdication, pour que l'essentiel du Palais impérial soit ouvert au public. En 1949, peu avant que les communistes prennent Pékin, les troupes nationalistes de Chiang Kaï-shek emportèrent une grande partie des trésors impériaux avec eux jusqu'à Taïwan. Il resterait toutefois un million de pièces de collection dans la Cité interdite. Classé au patrimoine mondial de l'Unesco en 1987, c'est aujourd'hui le monument le plus visité de Chine.

Pages suivantes : les portes de ce temple miniature, trônant sur un socle de marbre blanc à droite du palais de la Pureté céleste, sont doublement impériales car elles sont ornées de dragons d'or. L'animal, comme le métal, étaient jadis strictement réservés au Fils du Ciel.

内左門

Houleuse mer de tuiles « couleur d'or », selon Pierre Loti, plutôt teintées « de miel » aux yeux de Vercors, les étincelantes toitures vernissées de la Cité interdite ont longtemps fasciné les voyageurs et écrivains occidentaux arrivés jusqu'à Pékin. Les toitures jaunes étaient réservées aux bâtments impériaux, ainsi qu'aux temples majeurs ou aux édifices dans lesquels l'empereur était susceptible de se rendre.

Au-delà de l'enceinte du palais, la Cité impériale, elle aussi ceinturée de murailles peintes en rouge, était réservée aux administrations mais surtout aux loisirs des occupants de la Cité interdite. Percée de quatre portes aux points cardinaux, elle regroupait, sur 500 ha, plusieurs jardins impériaux : Beihai, Zhongnanhai et, ici en arrière-plan, la colline de Jingshan coiffée d'un belvédère.

Le jardin de Yuhuayuan, situé à l'extrémité nord de la Cité interdite, était destiné au repos et au divertissement de la famille impériale. Jardin chinois typique, il était planté de pins et de cyprès séculaires, parsemé de massifs de rocailles, de plantes en pots, et aménagé de kiosques et pavillons dans lesquels l'empereur, ses femmes et ses enfants venaient se délasser, étudier, écouter de la musique ou composer des poèmes. Lors de certaines fêtes, ils escaladaient la colline artificielle menant au pavillon de la Vue impériale (ci-dessous) pour admirer la lune... ou jeter un coup d'œil sur la ville, car c'était le seul point de vue du palais permettant à ses augustes occupants d'apercevoir le monde extérieur.

Imposant rectangle de faïence polychrome de 26 m de long sur 6 m de hauteur, le somptueux mur des Neuf Dragons est situé près de la porte Nord du parc Beihai, l'un des anciens parcs impériaux. Il a été érigé au milieu du XVIIIe siècle pour chasser les mauvais esprits de l'entrée d'un temple qui fut rasé au tournant du siècle dernier mais a été récemment reconstruit. Sur chacune de ses faces richement décorées, neuf dragons s'ébattent au milieu des nuages et de flots d'écume stylisés et se disputent une perle géante, représentant le pouvoir, un thème impérial récurrent dans la décoration des frises de céramiques décoratives de la dynastie Qing.

Le dragon, animal hybride à corps de serpent et griffes d'aigle, reste le plus célèbre animal légendaire de la tradition chinoise. Maître des nuages, de la pluie féconde et de toutes les créatures, il est aussi seigneur des eaux, des sous-sols et des nuées célestes. Le dragon est surtout l'incarnation du principe « yang » de la force, et par conséquent l'emblème de l'empereur. Omniprésent sur les murs, plafonds et piliers des lieux du pouvoir impérial, il est souvent représenté neuf fois, comme sur le mur écran du parc Beihai, car le « 9 » est le chiffre exprimant la puissance absolue dans la cosmogonie chinoise.

積翠

Le parc Beihai est l'un des plus anciens parcs impériaux pékinois. Lieu de retraite, de chasse et d'agrément, le parc et son lac artificiel furent aménagés dès le XIIe siècle par la dynastie Jin. Un siècle plus tard, le mongol Qubilaï Khan y fit bâtir un somptueux palais, qui devint le centre spatial et administratif de sa capitale, Dadu. Sous les Ming, Beihai devint une dépendance de la Cité interdite voisine. Mais c'est surtout sous les Qing, notamment sous le règne de Qianlong, que seront construits la plupart des temples et pavillons du parc, dont ce Dagoba blanc de style tibétain surplombant sa colline. Ouvert au public en 1925, le parc Beihai est resté depuis l'un des jardins publics favoris des familles pékinoises.

Niché au cœur du parc Beihai, situé sur la rive nord de l'île des Hortensias, le restaurant de cuisine impériale Fangshan reste l'une des plus vénérables institutions culinaires pékinoises. Il servit longtemps de restaurant privé aux empereurs Qing avant d'être ouvert au public en 1925, d'abord comme maison de thé, puis comme restaurant servant des spécialités de la cour mandchoue préparées par d'anciens chefs de la Cité interdite. Le commun des mortels peut aujourd'hui encore s'y repaître de banquets composés de plusieurs dizaines de plats fins somptueusement présentés, qui se terminent généralement par la douceur favorite de l'impératrice Cixi : de minuscules cônes de farine de maïs légèrement sucrés.

« Pei-hai Park – jardin de la mer du Nord – ancien parc du palais d'Hiver. C'est un lacis d'îles et de lacs, artificiels les uns et les autres, cette haute colline au milieu, est faite des déblais des lacs. Tout y est plus chinois que nature : ponts de marbre blanc en dos d'âne, rochers troués comme du gruyère, dressés ici et là en statues abstraites – pends-toi, Henry Moore – vastes saules pleureurs, peupliers gris aux branches en cascade bruissant comme des harpes, conifères aux troncs nus, cruellement rougeâtres ou virginalement blancs. »

Les divagations d'un Français en Chine, Vercors, Albin Michel, 1956.

À l'occasion, au milieu du XVIIe siècle, de la première visite effectuée dans la capitale chinoise par le chef spirituel du Tibet, le Dalaï-Lama, un ensemble de sanctuaires dédiés au culte lamaïque furent aménagés sur les flancs de la colline des Hortensias du parc Beihai. Le plus révéré d'entre eux était le temple de la Tranquillité éternelle, qui abrite une effigie dorée de Tsongkhapa, le fondateur de la secte tibétaine des « Bonnets jaunes » (ci-contre). Au sommet de la colline, l'imposant dôme blanc du Dagoba contient des écritures sacrées bouddhiques. Sur son flanc sud, 465 mini-bouddhas de céramique colorée recouvrent les quatre murs d'un petit pavillon carré qui offre une vue plongeante sur les toits de la Cité interdite.

Pages suivantes : détail d'une peinture ornant un flambant portique de bois situé au pied de la colline des Hortensias, au niveau de la porte Est du parc Beihai.

Le secteur nord du parc Beihai fut essentiellement aménagé par l'empereur Qianlong (dynastie des Qing) sur la fin du XVIIIe siècle. Le studio de la Tranquillité de l'Esprit y était l'un de ses repères favoris pour étudier, méditer et oublier les soucis de la cour. Aménagé dans la tradition des « jardins construits », en vogue alors dans le Sud, et qui voulaient renvoyer une image idéalisée de la nature cultivée, ce jardin soigneusement enclos offre aujourd'hui encore aux Pékinois, en quête de sérénité, une délicieuse succession de bassins recouverts de lotus, de pavillons aux toits recourbés, de ponts de pierre, de collines rocheuses artificielles et de massifs de bambous.

Le temple bouddhiste du Roi céleste se trouve à proximité de la porte Nord du parc Beihai. Comme la plupart des édifices religieux de ce type, érigés au cours de la dynastie Qing, il est précédé d'un immense portique de pierre couvert de céramique rose et jaune et d'une terrasse menant à trois portes d'entrée, elles aussi recouvertes de frises de céramique représentant les classiques ébats d'un couple de dragons avec une perle. Composé de plusieurs cours successives, le temple lui-même abrite trois statues sacrées du Bouddha, celles des 18 arhats, ainsi qu'une collection de peintures bouddhiques.

Le temple des Lamas était à l'origine la résidence du prince Yongzheng, qui devint le troisième empereur de la dynastie en 1723. Conformément à la tradition, l'ancien palais du nouvel empereur fut alors transformé en sanctuaire. Mais c'est Qianlong, son fils, qui le voua au culte lamaïque. Comme les Mongols avant eux, la dynastie mandchoue était sensible aux rites tibétains, proches de ceux pratiqués par leurs ancêtres nomades. Plus prosaïquement, en développant les relations avec les chefs spirituels du Tibet, les Qing espéraient s'attirer l'allégeance des tribus mongoles et exercer un meilleur contrôle sur la hiérarchie lamaïste. Abritant à son apogée près de 500 lamas et novices, ce temple devint par la suite l'un des principaux foyers tantriques en dehors du Tibet.

Le pavillon des Dix Mille Bonheurs est situé au fond de la dernière et la plus importante des cours qui composent le temple des Lamas. Cet original pavillon en bois composé de deux étages et d'une triple toiture est relié à deux pavillons latéraux par des galeries suspendues richement ouvragées. Il a été érigé spécialement pour abriter une statue du Maitreya (le Bouddha du futur) de 18 m de hauteur. Cette imposante effigie drapée de soie jaune a été sculptée dans un tronc de bois de santal du Tibet et fut offerte à l'empereur Qianlong (dynastie des Qing) par le septième Dalaï-Lama.

Bâti sous la dynastie mongole des Yuan en 1302, le temple de Confucius abritait les tablettes des ancêtres de ce dernier, ainsi qu'une collection de stèles sur lesquelles étaient gravés des canons du confucianisme. C'est ici, à l'ombre de cyprès et thuyas centenaires, qu'étaient organisées les principales cérémonies à la mémoire de celui dont la pensée fut la base de deux mille ans d'idéologie du pouvoir chinois. Le temple renferme également 198 stèles sur lesquelles est gravé le nom de quelque 50 000 lettrés qui, au fil des siècles et des dynasties, furent reçus aux examens impériaux permettant de devenir mandarins. Ce millénaire et très sélectif concours offrait la possibilité pour l'Empire de recruter des hommes de talent, et pour ces derniers de démarrer une carrière officielle. (Ci-contre, à gauche.)

Pour les très superstitieux Pékinois, toute pièce jetée avec succès sur la galerie supérieure de cette colonne de pierre, surmontée d'un pavillon miniature, nichée dans le temple des Lamas, se voulait annonciatrice de chance. (Ci-dessus.)

Érigé dans un style architectural original, qui combine le meilleur des traditions chinoises, tibétaines, mongoles et mandchoues en la matière (tel ce clocheton doré surmontant une toiture vernissée de jaune, à gauche), l'immense et somptueux temple des Lamas s'organise autour de cinq cours qui se succèdent les unes aux autres dans un axe sud-nord. Elles abritent divers bâtiments de culte, des salles d'études destinées aux lamas qui vivent encore dans le temple, ainsi que de belles collections d'objets d'art tantrique et une multitude de statues de Bouddhas et de ses disciples.

Peu après la chute de l'empire Qing, le temple des Lamas tomba en désuétude. Une partie de ses bâtiments servirent même d'écuries aux troupes nationalistes de Tchang Kaï-chek. Le lamaïsme et ses sanctuaires retrouvèrent toutefois une certaine importance dans les années 50, lorsque le régime communiste reprit le contrôle politique du Tibet et voulut s'assurer l'appui de ses autorités religieuses. À ce titre, le temple des Lamas fut protégé des assauts des Gardes rouges pendant la Révolution culturelle. Rénové et ouvert au public en 1981, il abrite toujours une petite communauté composée de plusieurs dizaines de moines tibétains de la secte Gelukpa, plus connue sous le nom de secte des « Bonnets jaunes », dont les chefs suprêmes sont le Dalaï-Lama et le Panchen-Lama.

Pékin, sous l'Empire, n'était pas seulement le siège politique de la Chine, c'était également un centre religieux majeur. Si les autels du Ciel, de la Terre ou du Soleil étaient réservés au culte d'État, la ferveur populaire s'exprimait dans les temples taoïstes et bouddhistes, ainsi que dans les mosquées et les églises de la ville. Car plusieurs religions se côtoyaient dans une ville particulièrement tolérante en matière de croyances et qui comptait plus de 1 000 lieux saints, allant du simple autel d'offrandes à des bâtiments aussi flamboyants que ceux du temple des Lamas, (en photo sur ces pages).
La majorité d'entre eux a mal résisté au temps, aux guerres civiles ou à la Révolution culturelle car la capitale ne compte plus aujourd'hui que quelques dizaines de temples.

On célébrait jadis au temple des Lamas des rites tantriques assez extrêmes : l'une des cérémonie reproduisait par exemple le rituel du sacrifice humain (par l'intermédiaire d'une poupée) accompagné par des danseurs masqués, et rythmé par des tambours et des trompes tibétaines. Aujourd'hui encore, une danse des diables, sorte de rituel exorciste joué par des lamas du temple déguisés en monstres, y est toujours organisée à la toute fin du premier mois lunaire.

Mais ces cérémonies rituelles ont été fortement édulcorées et se composent désormais essentiellement de prières et d'offrandes de riz et d'argent.

Dès le XIIe siècle et la dynastie des Jin, les souverains et leurs suites avaient pris l'habitude de fuir la chaleur écrasante qui règne toujours l'été dans la capitale chinoise, en passant les mois les plus chauds dans des villégiatures situées dans les collines boisées bordées de plans d'eau du nord-est de la ville. Au fil des années et des dynasties, ces résidences estivales furent progressivement agrandies et aménagées avec toujours plus de splendeur, ainsi que l'atteste l'un des emblèmes du palais d'Été : le Pont aux dix-sept arches, qui enjambe gracieusement sur 150 m le vaste lac Kunming, et est surmonté d'une balustrade de marbre blanc sur laquelle 500 petits lions de pierre montent la garde.

Le palais d'Été actuel n'était à l'origine que la partie nord-ouest de l'ancien jardin impérial Yuanmingyuan, aménagé par les empereurs Qing et rasé en 1860 par les troupes anglo-françaises. C'est Qianlong qui, en l'honneur du soixantième anniversaire de sa mère Nihulu, avait fait agrandir le petit lac naturel de cette partie du domaine avant d'y faire construire, avec les déblais, une colline dite de la Longévité millénaire, qu'il orna d'un somptueux palais. L'ensemble voulait reproduire les paysages lacustres de Hangzhou, dans le Sud, dont l'impératrice douairière était particulièrement férue. Un siècle plus tard, après le sac du Yuanmingyuan, l'impératrice Cixi décida de ne faire reconstruire que la zone nord-ouest de l'ancien palais d'Été, qu'elle baptisa du nom de Yiheyuan, conservé depuis.

Le palais d'Été est étroitement associé au nom et à l'égoïsme de l'impératrice douairière Cixi. Ancienne concubine montée sur le trône à force d'intrigues, Cixi régna sur l'Empire du Milieu pendant toute la seconde moitié du XIXe siècle. Préférant la verdure à l'austère Cité interdite, cette femme autoritaire et fantasque s'était prise d'une telle passion pour son domaine estival qu'elle n'hésita pas à puiser dans le budget de la marine chinoise pour le faire réaménager après sa destruction par les soldats européens en 1860, puis en 1900. Notamment pour faire construire ce célèbre bateau de Marbre, amarré au bord du lac Kunming et de l'intérieur duquel a été prise cette photo. Cixi aimait y organiser de fastueux banquets pour ses ministres et ambassadeurs.

« À l'assaut d'une haute colline faite, elle aussi, des déblais du lac, une autre succession de palais aux toits de miel, et sur chacun des angles relevés de tuiles faîtières avec leur ribambelle de génies familiers dans l'ordre rituel : dragon, lion, chien, nuage, cavalier. Tout en haut, immense lanterne, le palais d'Été propre-ment dit, avec ses milliers de niches et ses milliers de petits bouddhas. Tout en bas, éternellement immobile au bord du rivage, l'incroyable bateau de marbre… ».

Les divagations d'un Français en Chine, Vercors, Albin Michel, 1956.

萬壽山昆明湖

À partir du palais des Nuages ordonnés, où se déroulaient les cérémonies d'anniversaire de l'impératrice Cixi, on peut gravir des escaliers qui mènent jusqu'en haut de la colline de la Longévité millénaire. Sur ses coteaux, plusieurs sanctuaires bouddhiques ont été aménagés. Le pavillon des Fragrances bouddhistes, pagode octogonale à trois étages et quatre toitures superposées, en est le plus imposant et offre une somptueuse vue panoramique sur le lac Kunming. Au sommet de la colline culmine le temple de la Mer de la Parfaite Sagesse, dont les murs sont incrustés d'une profusion de statuettes de Bouddha.

C'est près de la porte Est du palais d'Été que se trouvaient les principaux bâtiments du domaine. L'un des plus beaux, le palais de la Bienveillance et de la Longévité, servait aux audiences données aux ministres par l'impératrice Cixi et son neveu Guangxu – l'empereur en titre. Monté sur le trône à quatre ans, Guangxu resta jusqu'à sa majorité dans l'ombre de sa régente Cixi. Il y retourna en 1898, lorsque l'échec de son projet de réformes économiques et institutionnelles offrit un prétexte à Cixi, conservatrice convaincue, pour reprendre les rênes du pouvoir et faire séquestrer son neveu. Le jeune empereur resta ainsi en résidence surveillée pendant dix ans, avant de mourir dans des circonstances restées mystérieuses.

Le palais de la Joie et de la Longévité, jouissant d'une double vue sur le lac et la colline, était celui dans lequel l'impératrice Cixi résidait l'été. Cette femme autoritaire et capricieuse qui martyrisait eunuques et serviteurs s'y faisait quotidiennement servir des banquets de 128 plats, dont elle touchait à peine quelques-uns. Elle avait fait disposer des centaines de cages à oiseaux, dont elle aimait le chant, à travers le domaine. Mais pour acquérir des « mérites » bouddhistes, l'impératrice faisait relâcher 10 000 de ses pensionnaires ailés le jour de son anniversaire. Riant aux éclats lorsque l'un des oiseaux se perchait sur son épaule… sans se douter que ce n'était que le fruit d'un savant dressage des eunuques, qui récupéraient ensuite les oiseaux pour les revendre à prix d'or.

Pages suivantes : la galerie couverte du palais d'Été s'allonge sur 728 m en bordure du lac Kunming et permettait de se promener à l'abri du soleil ou de la pluie.

Le principal attrait de la galerie couverte du palais d'Été, à l'origine aménagée par l'empereur Qianlong, plus tard reconstruite à l'identique par Cixi, est sans conteste la collection des 14 000 fresques de toutes tailles qui ornent les poutres, les linteaux et les chapiteaux de sa charpente. Peints dans le style dit « de Suzhou », ces tableaux colorés reproduisent de nombreux paysages du Sud qui avaient marqué Qianlong au cours de ses voyages. Ainsi que des motifs floraux, des animaux auspicieux, des scènes de la vie quotidienne, des épisodes historiques ou mythologiques et des anecdotes célèbres tirées de romans classiques chinois tels que *Les Trois Royaumes* ou *Le Rêve dans le pavillon rouge*.

Au-delà des considérations purement esthétiques, les somptueuses fresques (ici une épopée guerrière) reproduites sur la galerie couverte et les murs de divers pavillons du palais d'Été avaient une vocation éducative et didactique. Pour les protéger pendant la Révolution culturelle, le premier ministre Zhou Enlai eut l'idée de les faire recouvrir d'une couche de chaux, qui fut enlevée au chiffon par la suite. Malheureusement ces fresques, qui datent de la fin du XIXe siècle, ont moins bien résisté aux travaux de restauration devant être réalisés tous les douze ans environ : au fil des retouches, elles ont perdu la finesse et la sobriété des couleurs qui caractérisaient les peintures originales.

Dans l'angle nord-est du palais d'Été se niche un joyau méconnu : le jardin du Plaisir harmonieux. C'est la réplique du jardin d'un mandarin de Wuxi, une ville située au bord du Grand Canal dans le Jiangsu, qui avait séduit l'empereur Qianlong au cours de l'une de ses tournées d'inspection dans le Sud. Cixi aimait aussi ce jardin conçu pour scintiller différemment selon les saisons. Elle y venait fréquemment pour pêcher au bord de son bucolique bassin de lotus. Mais l'impératrice douairière était peu douée de patience et partait dans de légendaires colères lorsque le poisson ne mordait pas immédiatement. Ses eunuques plongeaient alors pour aller accrocher des prises à l'hameçon impérial, y ajoutant parfois un bijou, pour mieux plaire à leur tyrannique maîtresse.

Le palais d'Été est considéré comme un chef-d'œuvre de l'art paysager chinois, qui, depuis l'Antiquité, veut donner une vision idéalisée de la nature grâce à l'agencement réfléchi d'éléments naturels et artificiels. Un jardin classique devait être composé avec élégance, avoir un grand pouvoir d'évocation, et respecter les principes de la géomancie, notamment l'association des montagnes au nord et de l'eau au sud. C'était aussi un lieu habité, semé de kiosques, de corridors et de ponts rappelant la présence de l'homme. Enfin, il ne devait jamais se dévoiler au premier coup d'œil, mais se composer de sites variés, séparés par des galeries couvertes ou des pavillons, qui se découvraient progressivement au fil des promenades.

« Ce palais n'est plus qu'un fantôme de lui-même ; c'était un tableau autrefois, ce n'est plus qu'un cadre. Ces pelouses, qui appelaient les robes de soie et les souliers de satin ; ces avenues, où les chaises à porteurs, avec leurs rideaux frangés d'or et leurs fines sculptures, s'avançaient en cadence ; ces lacs, où de tendres jeunes filles venaient bercer doucettement leur barque ; ces arcs de triomphe, qui disaient la magnificence d'une vieille dynastie ; ces palais ruisselants de dorures ; tout ce paysage enfin, si incomparablement coquet, recevait son dernier trait de splendeur et de joie de leurs souverains et de leur suite brillante. »

Grandeur et suprématie de Peking, Alphonse Hubrecht, 1928.

L'ancien palais d'Été Yuanmingyuan, fut l'œuvre des empereurs Qing, notamment de Qianlong qui, au milieu du XVIIIe siècle, élargit fortement le premier domaine esquissé par son grand-père et le répartit en plusieurs jardins émaillés de pavillons chinois et de châteaux à l'occidentale (dessinés par des jésuites). L'ensemble comprenait 145 bâtiments, une myriade de lacs, collines, kiosques, volières, ponts de pierre, forêts d'essences rares et parterres fleuris qui lui valurent le nom de « jardin des jardins », la symbiose de l'art paysager chinois et européen. Il fut mis à sac en 1860 par un corps expéditionnaire anglo-français venu venger la mort de diplomates. Restées depuis livrées aux herbes folles, ses ruines sont aujourd'hui l'un des lieux de pique-nique favoris des Pékinois.

出將

L'opéra de Pékin est la forme la plus réputée à l'étranger des arts de la scène chinois. Cette forme d'expression théâtrale stylisée se développa sous la dynastie des Qing. Alliant dialogues parlés, musique, chant, danse, pantomime, acrobatie et arts martiaux, elle joue sur le symbolisme des costumes, des maquillages et des mouvements pour conter des histoires inspirées des contes folkloriques et des grands classiques littéraires comme le roman des *Trois Royaumes* ou *Le Voyage en Occident*. La majorité des théâtres offrant des représentations d'opéra se trouvaient jadis dans le sulfureux quartier populaire de Dazhalan, au sein de la ville chinoise.

Quatre catégories de rôles animent les planches de l'opéra pékinois – le héros, l'héroïne, le « visage peint » (souvent le méchant) et le bouffon – au sein desquelles évolue une multitude de personnages. À chacun d'entre eux correspond un costume, un maquillage et divers accessoires permettant au public de l'identifier facilement. Les rôles féminins furent longtemps interprétés par des hommes. Le plus célèbre d'entre eux est sans conteste l'acteur Mei Lanfang, dont la démarche gracieuse et la puissance vocale enchantèrent les amateurs de la planète entière au début du XXe siècle. La visite de sa résidence pékinoise, aujourd'hui transformée en musée, permet d'en savoir plus sur cette forme d'art dramatique.

La séance de maquillage est un rite essentiel de la préparation des représentations d'opéra de Pékin. Il existerait plus de 300 maquillages différents correspondant à la galerie des nombreux personnages que compte le répertoire chinois. Ils sont parfois réalisés par des maquilleurs professionnels, mais le plus souvent par les acteurs eux-mêmes dans la loge commune du théâtre. Chaque trait, chaque couleur utilisée dans ces maquillages, ont une signification symbolique : ainsi, des lignes noires tracées sur un visage blanc indiquent des rides, tandis que le rouge représente la loyauté, le bleu la brutalité et le jaune la ruse.

Les « pailou » de Pékin, gracieux portiques de bois peints de couleurs chamarrées, marquaient jadis l'entrée d'une rue commerçante ou d'un monument historique, ici l'entrée ouest du parc de la Terre. Rattrapé par la modernisation qui a transfiguré la ville depuis les années 80, l'essentiel de ces fragiles constructions a disparu, et celles qui ont résisté aux pelleteuses se retrouvent le plus souvent coincées entre les immeubles carrelés et les fast-foods. Mais les Pékinois savent s'adapter à tous les extrêmes : ni la foule, ni le bruit, ni les voitures ne parviennent à perturber leurs rituels exercices matinaux.

廣厚街
重庆火锅
宝源装饰

Comment mieux résumer la récente et brutale métamorphose vécue par la capitale chinoise depuis deux petites décennies que ne le fait ce cliché ? (page de gauche) Il ne fallut pas plus de vingt ans, en effet, pour que la délicate et séculaire pagode aux Oiseaux, érigée sous les Ming, se fasse ainsi toiser par l'arrogante tour bétonnée de CCTV, la télévision centrale chinoise, qui culmine à 405 m en bordure de l'actuel troisième périphérique ouest, sur l'emplacement de l'ancien autel de la Lune.

Le catholicisme et ses églises arrivèrent jusqu'à Pékin par l'intermédiaire des jésuites, les seuls Occidentaux tolérés dans la capitale chinoise entre les XVIe et XIXe siècle, et dont les plus actifs représentants furent l'italien Matteo Ricci et l'allemand Adam Schall von Bell. L'église Saint-Joseph fut à l'origine bâtie par ce dernier en 1655 dans la rue Wangfujing. Reconstruite plusieurs fois, puis transformée en école, et cachée derrière des baraquements de tôle pendant les années maoïstes, elle a retrouvé sa vocation en 1986. Son parvis a depuis été dégagé et aménagé de bancs et de bacs fleuris, reflet du renouveau religieux survenu dans la ville depuis une dizaine d'années.

Le tout premier quartier d'affaires moderne de Pékin s'est développé au fil des années 90, le long de l'avenue Jianguomenwai. Notamment autour de ce carrefour situé au pied des tours du China World Trade Center, à la jonction de l'avenue et du troisième des six périphériques concentriques qui ceinturent aujourd'hui la capitale pour y faciliter une circulation devenant chaque jour plus infernale. Stimulé au cours des dernières années par l'implantation de nombreuses entreprises chinoises et étrangères, le Central Business District, comme est désormais désigné tout ce quartier, continue chaque jour à étendre ses bras de verre et d'acier plus loin vers le sud et l'est de la ville.

吴裕
吴裕泰茶馆

数码相机专营店
Deal in digital cameras
SONY
维修日本相机
王府井东安门11号
Sell the airplane ticket
售机票
王府井兴亚表店
瑞士名表维修
二楼
名表鉴定 配各款表带
手机专卖
中国邮政
CHINA POST
爱上S.H.E.

Depuis les années 90, Pékin s'est résolument engouffré dans l'ère de la consommation à outrance et de la mondialisation sans retenue. L'avenue Wangfujing en est devenue son principal sanctuaire. Traditionnellement commerçante – c'est dans cette artère qu'ouvrit en 1954 le tout premier grand magasin de la capitale – Wangfujing a connu un développement phénoménal au cours des vingt dernières années. Avec notamment l'aménagement d'une rue piétonne et l'ouverture de tentaculaires centres commerciaux bardés d'enseignes publicitaires lumineuses, tels que l'Oriental Plaza et le Sun Dong An Plaza, chaque jour pris d'assaut par une foule compacte d'infatigables *shoppers* aux bras chargés de paquets.

Aux orties l'uniformité vestimentaire tristounette qui caractérisait les années maoïstes et leurs vestes de cotonnade unies bleues, grises ou noires. Aujourd'hui, les Pékinoises ont choisi la coquetterie et la couleur, et passent l'essentiel de leur temps libre à lécher les vitrines des innombrables boutiques de mode des quartiers les plus commerçants de la capitale : ici la rue piétonne de Wangfujing, mais aussi les quartiers de Xidan et Dongdan. Les plus fortunées, elles, préfèrent dévaliser les centres commerciaux du Central Business District, où sont désormais implantées toutes les grandes enseignes du luxe mondiales.

THE DOCUMENT COMPANY
FUJI XEROX
www.fujixerox.com.cn

Pékin a toujours entretenu une solide réputation de capitale gastronomique : qu'il s'agisse de gargotes de nouilles ou de maisons servant une cuisine plus fine, les établissements culinaires y abondaient déjà sous la dynastie mongole des Yuan. Jusqu'au début du XXe siècle, les restaurants les plus cossus, majoritairement situés au sud de la porte Qianmen, restèrent toutefois essentiellement un monde d'hommes venus jouer au mah-jong ou parler affaires entre deux coups de baguettes. Remplacés pendant l'ère maoïste par des cantines d'État, les restaurants privés ont refleuri par dizaines de milliers depuis les réformes des années quatre-vingt. Pékinois et Pékinoises peuvent désormais laisser libre cours à leur gourmandise à chaque coin de rue, et à toute heure du jour et de la nuit.

Les cyclo-pousses (version pour touristes de l'emblématique pousse-pousse à bras du Pékin impérial), tout comme la bicyclette (petite reine du Pékin communiste), se sont aujourd'hui largement fait détrônés par les automobiles. Si toutes ne sont pas aussi flambantes que cette limousine rouge destinée aux cortèges de mariages, les voitures sont en effet appelées à devenir de plus en plus présentes dans une capitale qui s'étend chaque jour plus loin vers la périphérie, et dans laquelle, en dépit de récents efforts pour développer de nouvelles lignes de métro, le réseau de transports en commun reste largement sous-développé.

EA HOUSE
营业时间
PEN:12AM–2AM
OSE:2AM–12AM

Les maisons de thé en Chine ont de tous temps été un rendez-vous convivial pour siroter quelques tasses et grignoter des friandises entre amis. Celles de Pékin sont en outre réputées pour avoir longtemps été le lieu de prédilection des intellectuels locaux et un vecteur de propagation des nouvelles idées et des courants artistiques les plus avant-gardistes. Pendant la Révolution culturelle, les Gardes rouges fermèrent la majorité de ces établissements jugés subversifs. Mais depuis quelques années, les maisons de thé sont réapparues en force à travers toute la capitale, permettant aux amateurs de redécouvrir, dans un cadre généralement feutré, la culture millénaire de la gracieuse cérémonie chinoise du thé.

Lassés de la vague de construction des immeubles à l'occidentale qui a caractérisé les années quatre-vingt-dix, les Pékinois reviennent depuis peu à leurs sources architecturales et décoratives : les maisons traditionnelles à cour carrée, appelées « siheyuan » en chinois. En témoigne la vogue actuelle des hôtels de charme aménagés dans d'anciennes et vastes résidences princières du vieux quartier. Toutes sont rénovées avec raffinement et moult peintures murales, telles que cette fresque qui orne la cour de l'hôtel Lusongyuan, situé à proximité du quartier classé de la tour du Tambour et pionnier des établissements du genre.

Au sortir des années noires de la Révolution culturelle, l'euphorisante spirale des réformes économiques lancées par Deng Xiaoping, dans les années 80, a su redonner le sourire – et le goût des couleurs – aux Pékinois, et stimuler chez eux un nouvel appétit pour l'art sous toutes ses formes, notamment la peinture. Depuis une quinzaine d'années, une vague de jeunes et impertinents artistes chinois, dont l'artiste Fang Lijun (à droite) est l'une des figures de proue, a ainsi contribué à placer la capitale chinoise en bonne place sur l'échiquier mondial de l'art contemporain : ces jeunes artistes sont invités dans toutes les biennales occidentales, et la valeur de leurs œuvres dépasse déjà régulièrement le million de dollars.

Adieu l'austérité uniforme des années Mao : la féminité et la beauté aujourd'hui ne sont plus vilipendées en Chine. Au contraire : dans une société où le vide causé par l'effritement de l'idéologie communiste a été essentiellement comblé par le culte de la consommation, elles sont même révérées. Les top-modèles sont les nouvelles idoles de ce culte. Surfant sur ce rêve de beauté, de succès et d'argent qui anime aujourd'hui la majorité des jeunes, le développement des agences et la multiplication des concours de mannequins ont permis à Pékin de partiellement ravir à l'élégante Shanghai son titre de capitale chinoise de la mode et du style.

MAYBELLINE
elite
1999
MODEL
LOOK
CHINA

Les très jeunes Pékinois ne s'en laissent plus conter par les bêtes fantastiques telles que cette tortue à tête de dragon gardant l'entrée d'un temple. Ils savent qu'aujourd'hui, ce sont eux les empereurs à qui le monde entier obéit.

Depuis le début des années 80, l'instauration du contrôle des naissances à Pékin comme dans les autres villes de Chine, qui n'autorise qu'un seul enfant par famille, a donné le jour à une génération matériellement ultra-choyée. Cette politique a aussi chamboulé la pyramide familiale traditionnelle. Alors qu'elle reposait sur le respect dû aux anciens, c'est au tour des plus jeunes d'être le centre d'attention de tous les adultes de la famille, dont la vie est aujourd'hui rythmée par les sorties d'école et les cours de soutien. Car la condition de petit empereur ne va pas sans contrepartie : tous sont soumis à une pression permanente pour être le premier de la classe.

C'est un général chinois qui leur donna des ailes il y a plus de 2 000 ans. À l'origine, les cerfs-volants furent en effet inventés dans un but militaire : effrayer les ennemis ou transporter des messages au-delà des forces assiégeantes. Devenu un simple objet de loisir à partir du Xᵉ siècle, ces frêles structures de bambou aux ailes de soie colorées furent longtemps confectionnées dans des ateliers familiaux tels que celui-ci. Les Pékinois de tous âges en sont traditionnellement férus : dès le printemps, les cerfs-volants reviennent ainsi colorer l'horizon pékinois, le plus souvent au-dessus de la place Tian'anmen ou au milieu de l'immense parc Chaoyang.

Les Pékinois sont réputés pour être d'enthousiastes et d'infatigables danseurs. Dès qu'ils en ont l'occasion, que ce soit le matin avant d'aller au bureau ou le soir après-dîner, ils transforment les parcs et les trottoirs de la ville en piste improvisée, le temps d'une valse ou d'un tango endiablé. Les plus fervents s'entraînent en groupe tous les jours et n'hésitent pas à participer à des rassemblements de masse, tels que cette session de « yangge » (une danse gymnique traditionnelle du Nord-Est chinois réalisée avec un éventail), qui fut organisée il y a quelques années par une association sportive en plein temple du Ciel.

À la force des poings ou du bout de l'épée, le gracieux et lent rituel du « taiqiquan » reste immuable au petit matin dans les jardins publics de la capitale. Pratiquée en groupe ou individuellement, souvent par gens d'un certain âge, cette discipline d'inspiration taoïste tient à la fois de la gymnastique et des arts martiaux. Elle repose sur l'entretien et la maîtrise du « qi », le souffle vital interne, et sur un enchaînement de mouvements permettant de faire mieux circuler ce souffle à travers le corps pour le maintenir en bonne santé, et de mieux le canaliser pour qu'il soit en phase avec l'énergie cosmique.

Les étroites et tortueuses ruelles résidentielles du vieux Pékin, appelées « hutong », remontent au XIIIe siècle et à la dynastie mongole, et s'étoffèrent ensuite au fil des siècles. Riches et pauvres y vivaient dans des maisons basses, en brique grise, aux poutres de bois laquées de rouge, toutes agencées – en fonction des moyens de la famille – autour d'une seule ou de plusieurs cours plantées d'arbres. En dépit d'un confort souvent rudimentaire, on mena longtemps dans ces hutong une vie paisible et très communautaire, rythmée par le chant des oiseaux et le bavardage des voisins. Las ! ce mode de vie typiquement pékinois est en sursis : moins de la moitié des 3 600 hutong encore recensés dans les années 80 ont résisté aux bulldozers de la modernisation.

Les somptueux jardins, jadis aménagés dans les résidences princières de la ville tartare (à gauche, celle du prince Gong, vaste demeure datant de la fin du XVIIIe siècle), permettent aujourd'hui aux Pékinois ordinaires de fuir la frénésie enfumée des quartiers modernes et de profiter, le temps d'une pause lecture, de la sérénité qui caractérisait les petits coins de verdure et de méditation du Pékin impérial, souvent inspirés des

jardins classiques du sud de la Chine, scandés par des pièces d'eau, semés d'arbustes miniatures ou de massifs rocailleux et traditionnellement traversés par des galeries couvertes.

Les nombreux parcs et jardins publics de Pékin sont traditionnellement le lieu de rendez-vous favoris des personnes âgées. Un segment de la population qui, avec le contrôle des naissances et l'allongement de l'espérance de vie, s'accroît rapidement dans la capitale comme ailleurs en Chine. Les grands-pères aux visages de pommes ridées et les grands-mères aux pieds minuscules sont ainsi nombreux à investir les espaces verts pékinois dès le petit matin, pour prendre le soleil en devisant avec leurs compères, jouer aux échecs chinois, tâter le violon traditionnel à deux cordes ou pousser quelques vocalises d'opéra.

Les gens de Pékin font, autant que ses monuments, la force de la capitale chinoise. Une capitale métissée, car les habitants qui la composent aujourd'hui sont arrivés des quatre coins du gigantesque Empire chinois au fil des dynasties et des besoins en main-d'œuvre stimulés par les grands travaux régulièrement lancés par les empereurs. Mais qu'ils soient à l'origine ouvriers, artisans, fonctionnaires, lettrés ou artistes, tous ont ensuite été façonnés par les traditions du Nord (mongoles, chinoises puis mandchoues), un mode de vie communautaire et un climat continental des plus rudes.

Aujourd'hui, les Pékinois sont réputés pour leur caractère courtois, tolérant, une certaine nonchalance et un sens de l'humour à toute épreuve.

« Pékin change. Pour certains, la ville dans son essence est d'ores et déjà bouleversée de manière irrémédiable. La disparition des temples, des remparts et des portes a retiré à la capitale une part de son âme. La nostalgie envers un Pékin idéalisé s'observe désormais dans les restaurants, les livres, les photographies anciennes et les séries télévisées. Reste son réseau de ruelles – les hutong – à l'ombre d'arbres majestueux et épanouis, plantés dans les cours des maisons, qu'immeubles modernes et larges avenues tendent à rogner chaque jour davantage. »

Pékin, au détour des rues et des ruelles, Roger Darrobers, Bleu de Chine, 2000.

国内长

机动车
湘海楼(正宗湖南菜)
小石碑胡同
XIAOSHIBEI HUTONG

Qu'il s'agisse des quartiers résidentiels huppés de la ville tartare, ou de ceux plus populaires de la ville chinoise, les *hutong* ont toujours formé un monde coloré et chaleureux, royaume des petits métiers et des commerces de proximité. Le quartier commerçant de Dazhalan, dans la ville chinoise, fut longtemps le plus emblématique de tous. Pour son animation marchande dans la journée mais surtout pour ses plaisirs nocturnes. Des plaisirs souvent innocents (les meilleurs restaurants, théâtres ou maisons de thé s'y trouvaient), parfois plus sulfureux (les maisons closes, fumeries d'opium et tripots y abondaient aussi). Ironie de l'histoire : ce quartier historique populaire a été en grande partie rasé pour être transformé en îlot touristique et commercial haut de gamme.

L'antique et charmant quartier des tours du Tambour et de Cloche (en arrière-plan, page 171), toutes deux situées sur l'axe historique nord-sud et qui servaient jadis d'horloge municipale (les tambours battant les veilles, la cloche indiquant l'ouverture et la fermeture des portes des remparts), est depuis quelques années en pleine mutation. Sur tout le pourtour du lac Houhai, les épiceries et les caboulots familiaux s'effacent en effet, les uns après les autres, pour laisser la place à des restaurants cossus, des terrasses de cafés, des boutiques de mode et des bars hérissés de néons, qui sont aujourd'hui parmi les plus courus de la capitale.

Semblable à un dragon écaillé de forteresses, la Grande Muraille de Chine serpente sur la crête des montagnes qui barrent le nord de Pékin. Les premiers tronçons de ce rempart démesuré de 6 000 km érigé pour bloquer les barbares des steppes du Nord datent du VIIe siècle av. J.-C.. Mais c'est l'empereur Qin Shihuangdi qui, après avoir unifié la Chine en 221 av. J.-C., les fera raccorder.
La Grande Muraille fut par la suite ponctuellement consolidée et étendue, notamment par les empereurs Ming, qui la renforcèrent avec des pierres de taille et la percèrent de centaines de tours gardées par un million de soldats. Si son utilité défensive fut plusieurs fois démentie, elle reste le symbole de l'incommensurable et de l'Empire du Milieu… ainsi que l'une des plus grandes attractions touristiques de la planète.

Repères chronologiques

Environ 1 000 ans av. J.-C. – Au début de la dynastie chinoise des Zhou de l'Ouest, création sur l'emplacement approximatif du Pékin actuel d'une ville de garnison appelée Ji. Objectif : stopper les nomades pillards venus des steppes du Nord.

475 av. J.-C. – Pendant la période des Printemps et Automnes et des Royaumes combattants, l'État de Yan conquiert la région et fait de Ji son siège.

221 av. J.-C. – La Chine est pour la première fois unifiée par Qin Shihuangdi. Ji devient alors un comptoir militaire et commercial, dont l'importance s'accroît lorsque le premier empereur fait ériger la Grande Muraille sur la crête des montagnes voisines. Mais sa dynastie tombe quinze ans plus tard. Au cours du turbulent millénaire qui suivra, Ji changera régulièrement de maîtres.

618 – Sous la dynastie des Tang, la ville est rebaptisée Youzhou. Son importance stratégique est réaffirmée, mais la capitale de la dynastie demeure à Chang'an (actuelle Xi'an), dans la vallée du fleuve Jaune.

936 – Les Kitan, une tribu mongole, prennent et rasent Youzhou, avant de fonder la dynastie des Liao. Ils rebâtissent sur le même site une ville fortifiée surnommée Yanjing.

1153 – La dynastie Jin, fondée par la tribu mandchoue des Jürchen, prend le contrôle de la Chine du Nord et établit sa capitale à Yanjing, qu'elle rebaptise Zhongdu. La ville est agrandie, plusieurs palais y sont érigés.

1215 – Au terme d'un siège de deux ans, l'armée mongole de Gengis Khan s'empare de Zhongdu. La ville est entièrement rasée et sa population massacrée.

1260 – Qubilaï Khan, petit-fils de Gengis Khan, achève la conquête de la Chine et de tous les pays voisins. Il proclame alors la dynastie Yuan et choisit de bâtir la capitale de son immense Empire près de l'ancienne Zhongdu. Il lui donnera une partie des caractéristiques qu'elle conservera longtemps : des murailles emboîtées les unes dans les autres et un tracé en échiquier orienté en fonction des points cardinaux, strié de ruelles résidentielles (les *hutong*). Baptisée Dadu, la ville devient pour la première fois le siège politique de l'Empire du Milieu. Sa population est estimée à 500 000 habitants.

1368 – Les Ming renversent les Mongols, mettent Dadu à sac, la rebaptisent Beiping, puis s'installent à Nankin (Nanjing), dans le Sud.

1406 – Yongle décide de réinstaller la capitale de l'Empire sur le site stratégique de Beiping. Voulant faire de sa capitale l'expression physique de son pouvoir, il la fait entièrement reconstruire en s'inspirant du schéma urbain géométrique et hiérarchisé des Mongols, mais en le parsemant de symboles impériaux (mêlant couleurs, chiffres auspicieux et dragons). Il fait aussi ériger de majestueux monuments, dont les plus emblématiques sont Cité interdite (le Palais impérial) et le temple du Ciel. Son plan urbain perdurera pendant cinq cents ans.

1421 – Au terme de plus de quinze ans de grands travaux, la ville de Yongle reprend officiellement son titre de capitale, avec un nouveau nom : Beijing, qui a été francisé en *Pékin*. Artisans, fonctionnaires, moines et lettrés affluent bientôt dans la ville. Outre son poids politique, Pékin devient la capitale culturelle et religieuse de l'Empire.

1553 – Pour contenir l'expansion des faubourgs sud de la capitale où, selon la coutume, ont lieu toutes les transactions commerciales, la construction d'une seconde enceinte est décidée. Elle délimitera bientôt la « ville extérieure », réservée aux marchands et au petit peuple, tandis que les remparts originaux encerclent la « ville intérieure », où vivent essentiellement les nobles. C'est aussi l'époque où la Chine se ferme au monde occidental.

1644 – La dynastie mandchoue des Qing prend le pouvoir. Choisissant de perpétuer l'héritage administratif et rituel des Ming, ses empereurs poursuivent l'aménagement de la capitale en y faisant rénover de nombreux sites, notamment la Cité interdite. Mais ils exilent la population de souche han dans l'enceinte extérieure, vite rebaptisée « Ville chinoise ».

1740 – L'empereur Qianlong poursuit l'œuvre commencée par son grand-père Kangxi en aménageant le somptueux palais d'Été (*Yuanmingyuan*), au nord-ouest de la ville.

1860 – Peu après les deux guerres de l'Opium (1839 et 1856), déclarées par les Européens pour tenter de forcer les portes du vaste marché chinois, les forces franco-britanniques incendient le palais d'Été. Un quartier de légations étrangères est imposé à proximité de la Cité interdite.

1888 – L'impératrice douairière Cixi fait reconstruire une partie du palais d'Été (*Yiheyuan*) en détournant des crédits publics.

1900 – La révolte des Boxeurs, dirigée contre la présence étrangère, est réprimée par un corps expéditionnaire international. L'impératrice douairière et le jeune empereur Guangxu s'enfuient. Les soldats occidentaux pénètrent pour la première fois dans la Cité interdite.

1912 – L'abdication du dernier empereur Puyi laisse la voie à l'ère républicaine de Sun Yat-sen, mais aussi à une longue guerre civile qui détourne l'attention du sort de la capitale. En 1914, une partie de la Cité interdite est transformée en musée. Pékin compte alors environ 800 000 habitants.

1928 – Les troupes nationalistes de Chiang Kaï-shek prennent le pouvoir du pays et transfèrent la capitale à Nankin. Rétrogradé au rang de capitale provinciale, Pékin retrouve son ancien nom de Beiping et sombre dans l'oubli.

1937 – Pékin est occupé jusqu'à 1945 par les forces japonaises, qui n'y infligeront pas de dommages urbains importants.

1949 – Les troupes communistes de Mao Zedong prennent Pékin des mains des nationalistes, au terme d'un siège de six semaines. Le 1er octobre, Mao Zedong proclame Pékin capitale de la nouvelle République populaire de Chine. Suivra une décennie de grands travaux de « modernisation », parmi lesquels la destruction des remparts (remplacés par un périphérique) et la fermeture de nombreux temples (étiquetés symboles féodaux) ou l'aménagement d'un axe est-ouest le long de l'avenue Chang'an, qui passe devant l'entrée de la Cité interdite. Pour les réaliser, plusieurs millions de travailleurs venus des campagnes s'installent à Pékin.

1958 – Pékin devient une municipalité autonome et son territoire administratif est élargi à 16 800 km^2, approximativement la taille du pays de Galles. Le Grand Bond en avant industriel, lancé cette année-là, stimule la construction de massifs bâtiments publics : la gare de Pékin, le stade des Ouvriers...

1959 – L'élargissement et l'aménagement de la place Tian'anmen, désormais bordée du Grand hall du peuple et du musée d'Histoire de la Chine, sont achevés pour les célébrations du dixième anniversaire du régime maoïste.

1960 – La rupture politique avec l'Union soviétique, et les difficultés financières qui s'ensuivent pour le régime chinois, débouchent sur un arrêt des travaux d'aménagement de la capitale.

1966 – La Révolution culturelle secoue le pays pendant dix ans. À Pékin, les Gardes rouges ravagent temples et bâtiments anciens.

1978 – Avec l'arrivée au pouvoir de Deng Xiaoping et le lancement d'un ambitieux plan de réformes économiques, les constructions reprennent progressivement dans une capitale encore essentiellement composée de maisons basses.

1989 – La sanglante répression du mouvement démocratique étudiant sur la place Tian'anmen est suivie d'un gel des réformes.

1992 – Les réformes économiques sont relancées avec succès. La métamorphose urbaine de Pékin s'accélère soudainement.

2001 – Pékin se voit attribuer l'organisation des jeux Olympiques de 2008. Pour relever le défi, de gigantesques travaux d'infrastructure et de réaménagement de la ville sont décidés. Ils donnent vite lieu à la destruction massive des quartiers historiques.

2003 – Les réglementations se multiplient pour tenter de protéger les restes du Pékin impérial : vingt-cinq quartiers situés à l'intérieur du deuxième périphérique (qui suit le tracé des anciens remparts), seront ainsi classés. Mais la plupart des ruelles et maisons anciennes ont déjà été réduites en poussière par les bulldozers des promoteurs.

2007 – Alors qu'un sixième périphérique s'achève et que la population pékinoise a dépassé les 15 millions, à peine 40 % de la ville historique résiste encore.

Collection GEO Ville

Photographies Yann Layma
Textes et légendes Stéphanie Ollivier
Maquette Michel Labarthe
Relecture Virginie Vital
Suivi technique CPE

Achevé d'imprimer en décembre 2007
pour le compte des Éditions EDL-Paris
Imprimé par PPO Graphic (France)

48, rue Montmartre - 75002 Paris
Tél. : 01 40 28 12 74
Dépôt légal 4e trimestre 2007

ISBN : 978-2-84690- 284-7

①
②
④